AF498031

NÉCESSITÉ

DE LA

DISSOLUTION DES SYNDICATS

DE

Très-Casses à Belleperche et de St.-Nicolas.

Supplique adressée au Conseil général

DU DÉPARTEMENT DE TARN-ET-GARONNE

Par des Membres de ces deux Syndicats.

A Messieurs les Membres du Conseil général

du Département de Tarn-et-Garonne,

MESSIEURS,

Les membres de l'association syndicale de Très-Casses à Belleperche viennent solliciter votre concours pour conjurer les effets désastreux d'un décret surpris à la religion de Sa Majesté.

Les raisons qu'ils vont déduire s'appliquent également au Syndicat de Saint-Nicolas ; les disposition du décret organisateur du Syndicat de Saint-Nicolas sont les mêmes ; dans l'exécution, on retrouve les erreurs, les illégalités et les abus semblables.

Pouvoir du Conseil général.

Intérêt du département de Tarn-et-Garonne

dans la question des Syndicats.

Le droit du Conseil général à s'occuper des difficultés nées de la création des Syndicats est certain ; ce droit ne saurait être dénié que par ceux qui, soucieux de leur individualité, paraissent appréhender que la vérité ne se fasse jour.

Ne sait-on pas que le Conseil général, honoré de la confiance des populations, a pour mission de consulter leurs besoins et de s'enquérir de leurs nécessités?...... Ne sait-on pas qu'il peut exprimer des vœux et formuler même des réclamations sur l'état et les besoins des différents services publics?..... Son pouvoir s'étend jusqu'à la faculté d'adresser *directement* ses réclamations au Ministre par l'intermédiaire de son président. — Il ne convient pas que les soussignés, s'adressant au Conseil général, citent les textes qui règlent ses attributions; ils prendront cependant la liberté d'indiquer la loi du 10 mai 1838 et particulièrement l'article 7.

Faut-il dire combien la question des Syndicats préoccupe justement les populations?.... Faut-il dire combien les intérêts des membres compris dans les associations syndicales sont sacrés et dignes d'être appréciés par le Conseil général, pouvoir éminemment tutélaire, impartial et ferme?

A ces motifs élevés et bien suffisants pour solliciter les investigations consciencieuses et intelligentes du Conseil général sur l'œuvre des Syndicats, s'adjoint un motif particulier qui s'applique aux intérêts spéciaux et matériels du département.

Nous voulons parler des routes diverses qui, comprises dans le périmètre des travaux, ne sont pas encore assujetties au paiement des contributions nécessaires à la réalisation de l'œuvre?..... Est-on assuré que les routes doivent être exonérées de ces contributions? ....Où trouver un texte de loi qui les en exempte?..... Et si l'on consulte l'équité, les travaux ne sont-ils pas protecteurs pour ces *routes*?..... Si des réclamations se produisent, ne faudra-t-il pas déférer aux plaintes de ceux qui demanderont que les routes subissent la loi commune?..... Un débat au contentieux n'est-il pas à craindre dans cette occurrence pour le département?.... Serait-il même décent qu'on pût soupçonner cette exonération des routes d'être *arbitraire?*... Le département pouvant donc être contraint à contribuer aux travaux, il est membre de l'Association syndicale ; au Conseil général, il appartient de surveiller ses intérêts.

Les soussignés n'ignorent pas qu'une subvention de 25,000 francs a été votée par le Conseil général. C'est là une nouvelle raison pour s'enquérir de l'utilité de l'emploi de cette somme ; et s'il était démontré qu'elle a été employée à une œuvre illégalement créée, mal exécutée, et n'étant pas en rapport avec les ressources dont les intéressés pourront disposer, le devoir du Conseil général qui a été égaré jusqu'à ce jour par des documents incomplets, n'est-il pas, lorsqu'il se trouve mieux éclairé, d'exprimer un vœu de dissolution et de formuler même une réclamation directe à S. E. le Ministre.

Ajoutons que le département alloue une subvention au concessionnaire du pont de Très-Casses, qui doit être *forcément* compris dans l'association syndicale ; la contribution du concessionnaire sera énorme et réagira sur le département. Nouveau motif pour le Conseil général do s'occuper de l'œuvre des syndicats.

Enfin, dans les sessions de 1855 et 1856 le Conseil général s'est occupé des syndicats ; pourquoi ne s'en occuperait-il point dans la session de 1857 ?

Les soussignés espèrent donc que les membres du Conseil général porteront toute leur attention sur les intérêts graves qui s'agitent dans les syndicats. Pour les aider dans leur examen, on va leur tracer un exposé fidèle de ce qui s'est fait, et de la véritable situation dans laquelle se trouvent les membres de l'association syndicale de Belleperche à Très-Casses.

-- Cette situation..... nous l'appellerons une crise...... Cette qualification est vraie ; quel autre nom pourrait-on donner à un état tel que l'immense majorité des intéressés se refuse à'payer sa part de contribution, songe à s'adresser à l'Empereur et se condamnera plutôt à la douloureuse extrèmité du délaissement des propriétés imposées ?

Quelles causes ont produit cette crise ?.... Il est aisé de les signaler :

Création présomptueuse de l'œuvre ;

Exaltation d'intérêts individuels ;

Ignorance complète des lois ; cette ignorance a été la source d'erreurs, d'illégalités, d'excès de pouvoir et de faiblesses.

Nous justifierons sans effort l'exactitude de ces affirmations.

Notre travail embrassera trois périodes :

La première antérieure au décret du 24 octobre 1855 ; la deuxième concomitante à la promulgation du décret et contenant les griefs des soussignés contre les dispositions du décret, ainsi que contre son exécution ; la troisième comprenant les illégalités et abus commis depuis le décret du 24 octobre 1855 jusqu'en août 1857, époque du dépôt des rôles aux mairies de Castelferrus et Castelsarrasin.

Nous terminerons en fesant ressortir aux yeux du Conseil général, la nécessité, la justice et la possibilité de la dissolution syndicale et du retrait du décret du 24 octobre 1855.

Dans notre travail nous placerons souvent sous les yeux du Conseil général des extraits d'une consultation approfondie que les soussignés, conjointement avec des membres du syndicat de Saint-Nicolas, se sont fait délivrer par M. Adolphe Chauveau, professeur de droit administratif à la Faculté de Toulouse, dont l'opinion a une si grande autorité dans ces matières spéciales.

§ 1. — *Période antérieure au Décret du 24 octobre 1855.*

— Les grandes victimes des inondations sont les riverains des fleuves et tous ceux dont les propriétés sont comprises dans les vallées. Mais les inondations intéressent le pays entier ; leur fréquence, leur intensité, jettent une véritable consternation en France : aussi, Sa Majesté, désireuse d'en arrêter les effets désastreux, a prescrit un système général de protection, qui ravive dans l'âme de ses sujets leur affection profonde et leur vive reconnaissance ; c'est le système des barrages ; les propriétaires ne seront pas tenus de contribuer à son exécution ; ils seront au contraire *indemnisés*. On le comprend ; de tels travaux intéressent le pays entier ; les sacrifices seront imposés au pays entier.

On ne craint donc pas de se tromper en affirmant que c'était le danger des inondations qui surexcitait l'esprit des populations; c'est surtout contre lui qu'à toute époque on a cherché à se prémunir.

Quant au danger de la corrosion ou même du changement du lit du fleuve, les craintes étaient secondaires. MM. les Membres du Conseil général connaissent la Garonne; les changements de lit et les corrosions affectent principalement quelques particuliers; les riverains courent des chances aléatoires bien connues, et comptent sur les années pour obtenir, au moyen de l'alluvion, ce que les corrosions leur ont enlevé. A Dieu ne plaise que nous entendions contester l'utilité de la fixation du lit; nous ne cherchons qu'à mettre en relief cette idée que la cessation des dangers de la corrosion et des changements de lit n'affectait pas l'intérêt général et public comme le danger des inondations; c'étaient et ce sont plutôt des intérêts particuliers que l'on sauvegarde. L'exactitude de ces aperçus est si frappante, qu'il serait oiseux d'insister.

Mais une conception hardie, téméraire même se produisit; elle consistait à parer, dans un même travail d'ensemble, aux dangers de la corrosion et des inondations. On se flattait d'atteindre ce double but 1° par le tunnage ou enrochement; 2° par la création de digues insubmersibles. Des estimations étaient faites; la depense au total se fût élevée à 300,000 francs. Les populations écoutaient avec ravissement les paroles dorées des créateurs de ce magnifique projet. — Plus tard on parla de 400,000 fr., savoir : 230,000 francs pour le tunnage, et 170,000 francs pour les digues insubmersibles. Les deux idées étaient toujours *dépendantes l'une de l'autre.*

Jamais estimation plus *hasardée* ne fut faite; nous avons vu MM. les ingénieurs et nous pouvons affirmer qu'*aucun*

d'eux n'a assuré que les fonds dont la quotité était indiquée, fussent *suffisants*. Nous supplions MM. les membres
du Conseil général de se faire remettre l'état des travaux
faits et l'état de ce qu'ils ont coûté ; ils pourront saine-
ment discerner s'il est possible de réaliser l'œuvre avec
la somme de 230,000 francs, la seule que l'on puisse légalement imposer aux membres de l'association syndicale ;
nous ne parlons que de 230,000 fr., le travail relatif aux
digues insubmersibles *ayant été abandonné*.

Il y aura un déficit *énorme* et les charges sont écrasantes..... Le devis sera *plus que triplé*.... En droit et ne
s'agissant pas d'association *volontaire*, nous contestons
formellement la faculté de demander aux intéressés un
centime *de plus que les* 230,000 *fr.* En fait, on s'exposerait
à consommer leur ruine ; on se rendrait complice d'une
iniquité.

Comment ne pas s'attendre que ce devis de 230,000 fr.
soit dépassé ?......

Ne s'agit-il pas de la Garonne dont la canalisation de
Toulouse à Agen fut déclarée impossible par le corps des
Ponts-et-Chaussées à l'époque de la création du canal
latéral ?

Sa Majesté n'a-t-elle pas écrit, à propos du Rhône, que
le travail d'endiguement coûterait plus de cent millions ?

L'État sollicité de prendre à son compte l'œuvre entreprise par le Syndicat de Belleperche à Très-Casses, moyen-
nant l'offre du Syndicat de payer la part portée dans le
devis estimatif, *n'a-t-il pas formellement refusé ?*

La *conservation* des travaux est même incertaine.....
L'action des eaux peut emporter les lignes de tunnage ;
l'entretien sera fort coûteux. Naguère trois membres émi-

neuts du corps des Ponts-et-Chaussées, M. Harlé, ingénieur des Ponts-et-Chaussées, à Toulouse, M. de Raynal,
ingénieur en chef des Ponts-et-Chaussées, également à
Toulouse, M. Dainez, ingénieur des Ponts-et-Chaussées, à
Montauban, ont écrit à l'occasion d'un procès pour lequel
leur concours éclairé fut demandé :

«... On a organisé à cet effet des Syndicats. On pourra
« *peut-être*, par ce moyen, donner *quelque fixité* au fleuve
» et assurer, *jusqu'à un certain point*, l'existence des pro-
« priétés riveraines. »

Quelle sécurité pour les membres de l'association syndicale !...

Prudent est l'Etat en refusant de prendre les travaux
à son compte ! Imprudents et coupables sont ceux qui ont
songé à les imposer à des propriétaires déjà dévorés pendant plusieurs années par le fléau des inondations !!...
Et l'on consacrera à la création de cette œuvre gigantesque et incertaine, non par une partie des revenus des
propriétaires, mais une partie de leurs capitaux !! .. (a)

Pourquoi les riverains de la Garonne subiraient-ils ce
que l'État répudie ?

Cet excès de préférence, pour les riverains, comment
l'expliquer ?.... Nous ne le chercherons pas de peur de
nous laisser aller involontairement à des interprétations
que des susceptibilités exagérées pourraient trouver mal-
veillantes.

Quoiqu'il en soit, il nous sera permis d'écrire que la
conception de ce projet de tunnage avec digues insub-

(a) Cette contribution se prélève sur la propriété elle-même, tandis
que toutes autres sont basées sur le revenu.

mersibles que discréditent la lettre mémorable de S. M.
et le refus de l'État de se charger des travaux, ne donnent
pas une haute idée de l'intelligence pratique de ses
auteurs.

Cependant, tel était le projet.

N'avions-nous pas raison d'indiquer comme une des
causes de la crise, la création *présomptueuse* de l'œuvre.

— Ce magnifique projet à peine éclos, on s'efforça de
l'exécuter avec une précipitation bien en harmonie avec
l'imagination toute de feu des auteurs de la conception.
La loi a créé intentionnellement des lenteurs et exigé l'accomplissement de certaines formalités destinées à procurer aux intéressés la faculté de s'assurer de l'opportunité
des projets, on n'y prit pas garde ; quelques travaux furent exécutés avant la promulgation du décret organisateur des syndicats; le décret promulgué, on a exécuté
comme si tout était parachevé.

Pour s'éclairer sur la réalité de ces assertions, MM. les
membres du Conseil général n'ont qu'à se faire remettre
l'état des dépenses du Syndicat avec la date *des travaux
faits* (nous ne disons pas payés); ils devront se rappeler
que le décret organisateur n'est que du 24 octobre 1855.
Si les soussignés eussent pu se procurer ces pièces, ils les
eussent placées sous les yeux du Conseil général. elles

Quels pouvoirs avaient les soussignés de contenir les
élans d'exécuteurs si ardents?... *Aucuns :* Le pouvoir
tutélaire est dans d'autres mains.

— A la présomption dans la conception de l'œuvre, à
la précipitation irréfléchie dans son exécution, s'ajoute,

comme nous l'avons dit, l'ignorance de la législation, ignorance cause de tant de maux.

— La loi qui réglemente les syndicats en matière de cours d'eau, et lorsqu'il s'agit de construction de digues aux fleuves ou rivières, est celle du 16 septembre 1807, c'est la loi relative aux dessèchements des marais applicable *en son entier*.

Les articles 33 et 34 sont ainsi conçus :

« Art. 33. Lorsqu'il s'agira de construire des digues à
» la mer ou contre les fleuves, rivières et torrents naviga-
» bles ou non navigables, la nécessité en sera constatée par
» le gouvernement et la dépense supportée par les pro-
» priétés protégées dans la proportion de leur interèt aux
» travaux, sauf les cas où le gouvernement croirait utile
« et juste d'accorder des secours sur les fonds publics. »

« Art. 34. Les formes précédemment établies et l'inter-
» vention d'une commission seront appliquées à l'exécu-
» tion du précédent article.

Que voulait-on faire ?

Des travaux de tunnage avec des digues insubmersibles ayant recours à un syndicat.

Ce projet fut révélé au public le 9 octobre 1854.

Nous laissons parler M. Chauveau ·

« Le 9 octobre 1854, une affiche de M. le Sous-Préfet
» de Castelsarrasin appela le public, en vertu de la loi du
» 3 mai 1841 et de l'ordonnance du 18 février 1834, à faire
» ses observations sur le projet d'un syndicat pour la dé-
» fense des rives de la Garonne, à l'amont du Pont de
» Très-Casses

« La loi du 16 septembre 1807 n'est pas même visée dans

» cet avis. Il semble qu'on veuille procéder à une expro-
» priation des riverains pour pratiquer des travaux pro-
» tecteurs contre les inondations, dans l'intérêt de la na-
» vigation. »

Cet avertissement au public était très-insuffisant.
C'étaient les intéressés compris dans le périmètre des travaux qu'il fallait prévenir, et les plans devaient contenir,
avec les profils et nivellements, les désignations *individuelles* des propriétés. Ce sont là les prescriptions de la loi
du 16 septembre 1807. Il est vrai qu'on ne visait pas cette
loi ; alors les omissions s'expliquent.

L'enquête ne paraît avoir produit aucune observation.
Les travaux de la commission d'enquête ne sont plus dans
les bureaux de la préfecture, le procès-verbal a été vaine-
ment demandé par les soussignés.

Un syndicat provisoire fut créé : il se réunit plusieurs
fois.

Dans une de ses séances, le 24 mai 1856, M. l'ingénieur
lui présente deux projets de défense des rives avec digues
insubmersibles : l'un exigeant une dépense de 318,090 fr.,
l'autre dont la dépense s'élevait à 300,000 fr.

« La commission provisoire, avant de déterminer *définitivement* la position des digues insubmersibles, décide
qu'elle parcourra les lieux ; oubliant les premières solli-
citudes de sa délibération, elle manifeste le désir de voir
le projet approuvé le plus tôt possible et mis en adjudication, afin que les travaux puissent être exécutés dans la
campagne de 1855, et elle demande l'autorisation *d'occuper
temporairement* une parcelle de terrain pour en extraire
des grès.

« Elle finit en présentant M. Valet, géomètre, pour lever

les plans parcellaires, qui devront indiquer la classification des terrains à comprendre dans l'association.

« Le 14 juin, réunion sur les bords de la Garonne, *pour, conformément*, dit le procès-verbal, *à la délibération du 24 mai, examiner le tracé des digues insubmersibles et y faire telles observations que la réunion jugerait convenables*, en présence de M. l'ingénieur.

Le procès-verbal de cette délibération *de visu* est ainsi conçue :

« La hauteur à laquelle se sont élevées les eaux de la
» dernière inondation de la Garonne du 5 juin, les corro-
» sions qui en ont été la suite et les dégâts qu'elle a occa-
» sionnés ont dû nécessairement amener quelques modi-
» cations au tracé des digues insubmersibles, ainsi qu'à la
» hauteur et à l'éloignement que la commission avait déjà
» déterminé de donner à ces digues.

» En conséquence, après avoir parcouru les deux rives
» du fleuve, la commission a pris à l'unanimité les résolu-
» tions suivantes :

» 1° Tout en conservant au lit mineur la largeur déjà
» adoptée de 150 mètres, la commission a été d'avis de
» porter la largeur du lit majeur minimum à 600 mètres
» seulement, les digues devant se rattacher aux ponts de
» Belleperche et de Très Casses ; elles iront en se rétrécis-
» sant aux abords de ces ponts, laissant à M. l'ingénieur
» le soin de déterminer le point où le rétrécissement devra
» commencer.

« 2° La commission a été d'avis aussi d'élever les digues
» à une hauteur minimum de 1 mètre 50 centimètres au-
» dessus des plus hautes eaux de la dernière inondation et
» d'augmenter progressivement cette élévation aux abords

» des ponts, de telle sorte que les digues à leur jonction
» avec les ponts soient élevées de 3 mètres au-dessus de
» l'inondation.

» 3° La digue de la rive droite, parvenue à la hauteur
« des propriétés de M. Louis de Carrère, au lieu de des-
» cendre dans ces propriétés qui sont très-basses et de les
» traverser, devra être établie sur les terres hautes qui
» longent le chemin vicinal de Belleperche et empiéter
» même sur ce chemin si M. l'ingénieur le trouve néces-
» saire. Ce changement a paru d'autant plus utile qu'il
» procure le moyen de donner à l'entre-espace des deux
» digues les 600 mètres ci-dessus déterminés. M. l'ingé-
» nieur a été chargé de faire étudier, au quartier de la
» Pomme, une nouvelle ligne, la ligne primitive ne pou-
» vant plus être suivie à cause des corrosions faites par
» la dernière inondation.

» 4° Passant sur la rive gauche, et après avoir examiné
» la chaussée dite de Castelferrus, que M. l'ingénieur veut
» utiliser pour la digue insubmersible, la commission a été
» d'avis que la tête de cette chaussée, auprès de St.-Janès,
» devait être reculée, et qu'il fallait aussi reculer d'en-
» viron 50 mètres l'extrémité aval de cette chaussée, lais-
» sant à M. l'ingénieur le soin de faire concorder autant
» que possible ce recul avec la direction de la digue vers
» le pont de Très-Casses.

» 5° Le nouveau tracé des digues, d'après les modifica-
» tions ci-dessus, dont M. l'ingénieur a été chargé de faire
» l'étude, sera soumis à la commission pour qu'elle y
« donne son approbation.

» 6° La commission a délibéré qu'on prendrait pour base
» des terrains à comprendre dans l'association la hauteur

» des eaux de la dernière inondation, et M· Valet, pré-
« cédemment indiqué pour faire le plan parcellaire,
» demeure chargé de rechercher avec soin les divers
« points atteints par l'inondation. »

« Le 6 juillet, la commission provisoire reçoit communication d'un projet de décret, rédigé par M. l'ingénieur
pour l'organisation du Syndicat de Belleperche et Tres-
Casses; des modifications sont proposées, et notamment
une nouvelle rédaction fort importante de l'art. 30,
modifications qu'il est inutile de transcrire, parce qu'elles
ont passé dans le décret.

« Le 20 octobre, nouvelle délibération . »

« Conformément à la délibération du 14 juin dernier,
» M. l'ingénieur, présent à la séance, soumet à la com-
» mission le nouveau tracé des digues insubmersibles
» dans lequel il a suivi les conditions qui lui avaient été
» indiquées sur le terrain par les membres de la commis-
» sion syndicale. M. l'ingénieur a soumis en même temps
» le détail estimatif des travaux à exécuter, qui s'élève à
» la somme totale de 400.000 fr., dont 170,000 fr. pour
» les digues insubmersibles et 250,000 fr. pour les tra-
» vaux de défense.

» La commission approuve ces projets, et représentant
» les intéressés à l'endiguement, demande au gouverne-
» ment la subvention du tiers de la dépense totale, soit
» la somme de 133,333 fr. 33 c. »

« Il ne paraît pas contestable que ce nouveau tracé
de M. l'ingénieur et l'approbation que lui donne la commission provisoire, n'ont pas été communiqués aux parties intéressées, par la voie d'affiches, qu'une enquête n'a
pas été provoquée sur ce nouveau projet qui portait à

400,000 fr. les travaux estimés précédemment 300,000 fr., sur la demande de l'État, de la part de la commission provisoire, d'une allocation de 133,333 fr. 33 c. ; et que surtout ce projet n'a pas été remis à M. le ministre des travaux publics et au Conseil d'État, car la délibération est du 20 octobre, et la signature de l'Empereur est du 24 du même mois. »

Résumant les griefs notables, nous pouvons écrire :

1° La loi du 16 septembre 1807 n'a pas même été indiquée ;

2° Les désignations individuelle des propriétés n'ont pas eu lieu ;

3° Les projets de travaux ont été constamment modifiés depuis l'enquête remontant en novembre 1854, époque à laquelle ils devaient être définitifs ;

4° Les devis de ces projets ont été portés APRÈS l'enquête de 300,000 fr. à 400,000 fr.

5° Ces projets modifiés n'ont pas été communiqués aux parties intéressées, aux personnes comprises dans le périmètre des travaux ; la commission du Syndicat provisoire n'avait aucun mandat légal de représenter ces parties intéressées ; c'est un excès de zèle qui l'a fait constituer sans droit aucun ; on n'a pas même communiqué ce projet définitif au public, que bien à tort on considère comme l'être moral auquel tout doit être adressé.

6° Enfin ce projet définitif, adopté par la commission provisoire seulement le 20 octobre 1855, n'a pu être communiqué au Ministre des travaux publics et au Conseil d'État, puisque le décret est du 24 octobre 1855.

§ 2. *Période concomitante au décret du 24 octobre 1855.*

— Le décret apparaît ; l'ignorance de la loi va se produire plus éclatante dans les dispositions même du décret.

Nous copions en son entier cette partie remarquable de la consultation de M. Chauveau.

» Quelle est la mission du pouvoir exécutif lorsqu'il s'agit de l'application des dispositions de la loi du 16 septembre 1807, dispositions qui mettent sur la même ligne *les dessèchements de marais*, les *alignements*, les *travaux d'endiguements*, etc.? Uniquement de reproduire, pour le cas spécial qui se présente, les dispositions que cette loi n'a tracées que pour les dessèchements de marais, en les déclarant applicables aux autres matières. Le pouvoir exécutif n'est donc point un pouvoir créateur, il n'a qu'un droit limité. Il n'exerce point, comme dans d'autres circonstances, le pouvoir législatif par délégation ; il est uniquement appelé à déclarer l'utilité. Son rôle est tracé dans les art. 5 et 33 qui accordent au gouvernement le privilége de concéder ou de constater la nécessité des travaux. Les formes du Syndicat et l'étendue de ses attributions, les attributions de la commission spéciale, sont déterminées par la loi elle-même, ce qui ne permet aucune immixtion de la part du pouvoir exécutif dans la réglementation des attributions ou compétences de ces deux corps délibérants. Seulement les membres du Syndicat doivent être nommés par le préfet, ceux de la Commission par l'Empereur : l'art. 45 de la loi délègue au pouvoir exécutif le soin de régler, dans le décret de nomination, les formes de réunion des membres de la Commission, et tout ce qui concerne son organisation.

» Qu'a fait le décret du 24 octobre 1855? Une loi complète, entière, si complète qu'on n'aurait pas besoin de recourir à la loi du 16 septembre 1807, si ce décret n'en était que la copie ou l'analyse fidèle. Un décret, qui ne fait que reproduire les dispositions d'une loi, qui la publie, pour ainsi dire, de nouveau, est inattaquable. Ce ne sont pas les dispositions du décret qui seront appliquées, ce seront celles de la loi; à cela, nul inconvénient. Mais si le décret, ne tenant aucun compte de la loi, modifie ou étend les dispositions législatives, l'excès de pouvoir est alors évident.

» 1° Avant de pouvoir constater la nécessité des travaux prescrits par l'art. 33, le gouvernement doit suivre les formes précédemment établies, dit l'art. 34.

» Un plan général doit donc être dressé (aux termes des art. 5 et 6 de la loi), plan dans lequel sont compris tous les terrains qui sont présumés devoir profiter des travaux qui vont être autorisés. *Chaque propriété doit y être distinguée, et son étendue exactement circonscrite.*

» Ces préliminaires sont d'autant plus indispensables que ce plan général fixera le nombre, indiquera la personne des propriétaires qui seront alors considérés comme *parties intéressées*, et auxquelles toutes les notifications devront être faites dans le cours des opérations préliminaires.

» Le décret vise un avant-projet et une enquête, mais ne vise pas le plan général dont je viens de parler.

» Il suffit de transcrire l'affiche qui fut apposée le 9
octobre 1854 sur les murs de Castelsarrasin, pour se con-
vaincre qu'on a appliqué des dispositions législatives ap-
partenant à un autre ordre d'idées :

« 9 octobre 1854.

« AFFICHE

« Le public est prévenu qu'en exécution de l'art. 3
» de la loi du 3 mai 1841 et de l'art. 5 de l'ordonnance de
» 18 février 1834, une enquête d'utilité publique est ou-
» verte sur le projet de formation d'un Syndicat pour la
» défense des rives de la Garonne, à l'amont du pont
» de Très-Casses. Les pièces du projet resteront encore
» déposées, pendant un mois, à partir du 12 octobre
» courant, au secrétariat de la sous-préfecture, où toutes
» personnes pourront en prendre connaissance.

» Aux termes de l'arrêté de M. le préfet, en date du
» 14 de ce mois, un registre sera tenu à la sous-préfecture
» pour l'inscription des observations et réclamations qui
» seraient présentées.

» Fait à l'hôtel de la sous-préfecture, à Castelsarrasin,
» le 9 octobre 1834.

» Signé : Le sous-préfet, Droz-Desvoyes. »

« Il ne s'agissait point de travaux nécessitant une dé-
claration d'utilité publique dans les formes de l'art. 3 de
la loi du 3 mai 1841; l'ordonnance du 18 février 1834
n'était nullement applicable.

» Qu'avait à faire *le public* à la nécessité de tels ou tels
travaux de nature à protéger contre la violence de la
Garonne telles ou telles propriétés? Pourquoi avertir *le*

public qu'un syndicat allait être formé pour la défense des rives de la Garonne, à l'amont du pont de Très-Casses? Il fallait avertir, comme le voulait la loi du 16 septembre 1807 *par notifications individuelles*, chacun des riverains, plus ou moins éloigné, compris dans le plan général des travaux, et c'est ce plan qui devait servir plus tard aux premières opérations des syndics. L'absence de ce plan a donc vicié d'excès de pouvoirs le décret du 24 octobre 1855, qui ne pouvait imposer la nécessité de se soumettre à un syndicat que ceux qui, ayant été compris dans un plan général, ayant été appelés à le contrôler (b), ayant été avertis du genre d'opération qui était projeté, auraient ainsi été mis légalement en demeure de présenter leurs observations.

» Le décret vise les pièces de l'enquête ouverte..... Il ne pourrait pas viser des témoignages, car personne ne s'est considéré comme appelé et personne n'est venu. Le public seul était appelé, et le public était complètement désintéressé.

» Qu'on ne dise pas que la distinction entre une affiche au public et un avis aux intéressés est une pure subtilité de mots. Cette distinction est sérieuse En effet, on ne doit pas perdre de vue que l'avant-projet s'occupant taxativement des travaux à effectuer et de l'évaluation donnée

---

(b) Si l'on voulait puiser des raisons d'analogie dans la loi du 3 mai 1841, c'était alors l'art. 6 dont les prescriptions auraient dû être rappelées; cet article exige que l'avertissement soit donné, non pas au public, mais aux parties intéressées; chacun sait que l'avertissement affiché et celui qui est inséré dans les journaux contiennent l'énonciation exacte et complète du nom de tous les intéressés, et de la quantité de terrain qui sera expropriée. Voilà une opération sérieuse et qui peut être considérée comme un véritable avertissement.

à ces travaux, mais n'indiquant, en aucune sorte, les noms des propriétaires compris dans l'association projetée, il eût fallu à ces derniers des connaissances toutes spéciales pour reconnaitre leurs propriétés sur un plan qui n'était autre chose qu'une copie du plan cadastral modifié selon les changements survenus depuis sa confection.

» 2° Quand la loi du 16 septembre 1807 parle des syndics et de la commission spéciale, il faut approprier ses prescriptions, qui sont, en général, relatives aux dessèchements de marais, aux autres travaux ; comme l'art. 34 prescrit d'appliquer à ces autres travaux les formes précédemment établies et l'intervention d'une commission, il n'y a de possible et de légal que cette simple appropriation.

» Ce sont donc les art. 7 à 15 de la loi qui fixeront les droits, devoirs et obligations des syndics, les art. 42 et 47 ceux de la Commission spéciale.

» Le décret du 24 octobre 1855 aurait donc dù simplement reproduire ces divers articles en substituant aux mots *dessèchements de marais*, ceux-ci , *travaux préservatifs contre les inondations de la Garonne ....*

» L'art. 9 de la loi prescrivait qu'un plan , divisant les terrains en plusieurs classes, fût dressé, et le périmètre des diverses classes tracé sur le plan général dont il a été déjà parlé, que le plan ainsi préparé fût soumis à l'approbation de M. le Préfet, déposé au secrétariat de la préfecture, et porté, par affiche , à la connaissance des parties intéressées ; et que M. le Préfet statuât, après avoir reçu les diverses observations; qu'enfin, si, après vérification de M. le Préfet, les parties persistaient dans leurs plaintes, les questions fussent portées devant la Commission.

» A cette procédure simple, mais protectrice, impérieusement exigée par la loi, le décret du 24 octobre a substitué une espèce d'omnipotence du Syndicat pour dresser un plan parcellaire qui, aux termes de l'art. 12, doit indiquer, avec des teintes diverses, les périmètres et la classification des terrains. — On n'y parle plus de l'approbation de M. le Préfet, des oppositions devant ce haut fonctionnaire, des vérifications qu'il peut ordonner, du dépôt à la préfecture, de l'appel des parties intéressées, etc. *Le Syndicat est essentiellement chargé de faire dresser,* etc. Le plan et le rapport seront déposés aux mairies pour que *chacun* puisse en prendre connaissance. — L'avertissement résultera de sons de trompe ou de caisse dans les communes et sera affiché aux portes des églises et mairies.

» Puis, la Commission (art. 14) sera appelée à statuer sur les réclamations relatives à la fixation du périmètre des terrains qui profiteront des travaux et au classement des propriétés comprises dans ce périmètre Elle déterminera les bases de la répartition des dépenses entre les intéressés.

» Le décret fait donc disparaître plusieurs garanties de publicité et d'examen qu'offrait la loi de 1807. Est-il possible que le décret réglementaire prive les riverains de cet examen désintéressé et supérieur de M. le Préfet, des vérifications qu'il peut ordonner, et puisse substituer à la décision de M. le Préfet, le pouvoir sans limite du Syndicat? Je ne dirai pas que M. le Préfet remplit, en ce cas, un premier degré de juridiction, parce que le Tribunal de premier degré me paraît être la Commission qui statue, sauf recours au Conseil d'État ; mais j'estime que les Syndics, dans l'esprit de la loi de 1807, n'ont qu'une faculté de préparation, de proposition, soit des plans, des rapports, ou même des travaux ; que leurs actes, sans la sanction et l'approbation du Préfet, n'ont aucune valeur, tandis que d'après le décret, sauf les travaux dont l'exécution doit être approuvée, il leur est accordé une faculté et des prérogatives qui ne sont pas écrites dans la loi.

» Sous ce nouveau rapport, le décret du 24 août 1855 est donc encore vicié d'excès de pouvoir, *fecit quod non potuit.*

» 3° Reste un dernier grief qui n'est malheureusement que trop fondé et qui révèle une erreur, source des fautes les plus graves commises dans cette affaire, dont l'expérience des administrateurs les plus anciens ne leur offrira pas un seul exemple.

» L'argent est le nerf de toutes les opérations et surtout des opérations d'endiguage des rivières navigables. Jusqu'à la lecture du décret du 24 octobre 1855, j'avais toujours pensé que les travaux d'association ne pouvaient s'exécuter qu'après que les opérations préliminaires, tracées par la loi, auraient été accomplies, que les plans généraux et parcellaires auraient été dressés, les travaux proposés, publiés, examinés, arrêtés et approuvés par l'autorité supérieure, les projets des budgets soumis à l'examen des riverains, les périmètres fixés, les classements opérés, les bases de la répartition déterminées entre les parties intéressées, les rôles préparés par le Syndicat et le percepteur, rendus exécutoires par M. le Préfet et mis en recouvrement.

» Je ne croyais pas qu'il fût permis d'autoriser les Syndics, simples mandataires des parties intéressées, à contracter des emprunts..... et si jamais affaire a pu faire comprendre combien était dangereuse une semblable autorisation, c'est bien celle du Syndicat de Belleperche, affaire dans laquelle les prêteurs n'ont pour unique garantie que la solvabilité individuelle des emprunteurs, affaire dans laquelle les sommes empruntées ont été employées avec une telle précipitation, que ceux qui me consultent ne peuvent même pas craindre l'application de l'action *in rem verso*....

» L'art. 12 du décret du 24 octobre 1855 donne pouvoir au Syndicat « de contracter les emprunts qui pourront
» être nécessaires à l'association. Ces emprunts devront,
» en outre, être autorisés par l'administration supérieure;
» toutefois, le Préfet pourra les approuver définitivement
» lorsqu'ils seront de peu d'importance et qu'ils ne por-
» teront pas à plus de 100,000 fr. la totalité des emprunts
» de l'association. »

» C'est l'article dont le Syndicat de Belleperche s'est hâté de faire l'application, vu le péril immense, dit-on, que courait une des propriétés riveraines de la Garonne...

» Dans quelle loi a-t-on puisé le droit d'accorder aux Syndicats l'autorisation extraordinaire, excentrique et dangereuse, de pouvoir emprunter des millions avec l'approbation de l'autorité supérieure? Quelle devrait donc être la garantie de pareils emprunts? Toutes les propriétés riveraines. Mais si les réclamations des riverains réduisent les perceptions au-dessous de la somme empruntée, qui paiera l'excédant? *Les syndics.* — Ils répondront : Nous n'avons emprunté qu'en nom qualifié, qu'en qualité de mandataires ; nous ne sommes pas tenus personnellement, *les riverains.. ..* — En payant notre cotisation, notre part d'impôt, nous sommes libérés.....

» Il y a dans une semblable autorisatien l'occasion de plus d'abus que je ne puis ni ne veux en signaler.

» Je ne m'occupe que du droit ; aucune loi n'autorise les syndics à faire des emprunts. Un règlement d'administration publique ne peut pas ajouter à la loi une disposition, surtout une disposition de cette nature ; donc, sous ce nouveau rapport le décret du 24 octobre 1855 est encore entaché d'excès de pouvoir et doit être annulé par l'Empereur en Conseil d'État. Je ne connais pas un seul auteur qui ait reconnu à un Syndicat la faculté d'emprunter. »

— A cette judicieuse et pressante argumentatiou , qu'il nous soit permis d'ajouter des considérations suggérées par la conséquence des faits qui se sont produits.

— Non seulement le pouvoir d'emprunter concédé aux syndics constitue un excès de pouvoir ; mais l'exercice de ce droit a été à nos yeux un acte déplorable d'administration. L'emprunt entraine avec lui des frais et des intérêts à payer, un caissier à solder.... Et dans cette entreprise déjà si onéreuse, c'était bien le moins qu'on n'ajoutât pas aux charges déjà si grandes qui pèsent sur les membres de l'association syndicale.
Lorsque tout était intact, il n'y avait *aucune* difficulté pour S. M. de rapporter le décret pourvu qu'on justifiât des erreurs commises. Notre pensée, en méditant le décret, c'est que l'on a cru à une association volontaire des riverains ; le décret parait même rendu dans ce sens. Ce lan-

gage a pu être tenu dans les pétitions ; les pièces diverses
qui sont au dossier pouvaient l'attester Pourquoi donc hâter l'exécution de l'œuvre en présence de la violence des
oppositions qui se manifestaient ?... Que les membres du
Conseil général se fassent remettre le dossier, et ils y ver-
ront combien furent vives les protestations surtout à l'en
droit des digues insubmersibles. Cet état de choses ne
commandait-il pas la *réserve la plus absolue ?*... Et s'il était
vrai que l'on a cru à une association volontaire, le décret
n'était-il pas à rapporter ?.... Les digues insubmersibles
disparaissant, le projet n'était-il pas modifié dans son
essence ?.... Qui le contesterait ?.... Le décret ne devait-
il donc pas être rapporté pour cet autre motif ?.... Pourquoi se hâter ?... Pourquoi surtout commencer des travaux
sur la rive gauche du fleuve, à Castelferrus, et sur les propriétés du directeur du syndicat ?... Pourquoi créer en ces
lieux privilégiés une digue *insubmersible*, qui a motivé le
blâme de M. le Préfet ? (Lettre de M. le Préfet de mars 1856).
Grâce à cette précipitation, les entiers travaux de la campagne de 1856 ont été enlevés par l'inondation. Et à ceux
qui viennent dire, la digue de Castelferrus a été construite
avec les ressources personnelles des intéressés, nous ré-
pondrons : Étiez-vous autorisés à la faire ?... Pensez-vous
qu'une fois compris dans l'association vous ne devez pas
subir la position qui vous est faite et attendre que vos
travaux s'effectuent dans un intérêt véritablement général ?... Vos travaux ne furent-ils pas offensifs contre l'autre rive et n'aggravèrent-ils point les fléaux de l'inondation *sur la rive opposée ?*... Ne sait-on pas cependant que
vous demandez qu'ils soient pris en compte ?... Tous ces
faits *sont notoires*.....

Dans cet ordre d'idées que nous sommes condamnés à
embrasser malgré nos répugnances ; nous avons la douleur
de trouver devant nous le fait le plus grave et le plus ma-
nifestement imprévoyant ; nous voulons parler de l'adjudication des travaux faite en août 1856. Elle a eu lieu,
malgré les protestations qu'attestent des lettres adminis-
tratives. pour la somme de 180,000 fr.... On sait que le
devis de l'entreprise, réduite au tunnage par l'abandon
des digues insubmersibles, n'est plus que de 230,000 fr.
Ah ! nous n'avons que trop raison de nous plaindre de
cette adjudication ; par elle on a comme aliéné la liberté
des membres de l'association syndicale. Que de fois nous
avons entendu dire depuis ce jour néfaste : il y a une adjudication ; des sous-traités ont eu lieu ; des matériaux
sont entassés ; des travaux sont faits ; des mandats sont
payés. L'adjudication et les emprunts sont les obstacles
permanents à la dissolution.

Mais où donc se trouvait *pour le syndicat* la nécessité d'y
procéder incontinent ?

Il a été parlé de corrosions imminentes de la Garonne à
la Pomme. La frayeur même d'un changement de lit pa-
raîtrait avoir saisi l'esprit de MM. les ingénieurs si acces-
sibles à ces craintes ; le bruit en a du moins couru.

La réponse est aisée.

Appréhendait-on pour l'État ou pour le Syndicat ?... A
quelles préoccupations se serait abandonnée la haute raison de Messieurs les ingénieurs ?...

— Si le décret du 24 octobre 1855 n'eût pas existé, au-
rait-on sollicité cette adjudication ? Le décret rendu , est-

ce que la situation des membres de l'association syndicale
est définitivement réglée ?... Elle était la même que si le
décret n'eût pas été rendu. — Une raison décisive achève
de réfuter cette objection ; les digues insubmersibles
étaient abandonnées ; en avril 1856, M. le ministre des
travaux publics avait écrit dans ce sens à M. le Préfet qui
a transmis la lettre à M. l'ingénieur en chef. L'esprit élevé
des ingénieurs pouvait-il se méprendre sur la portée de cet
abandon ?... Le projet n'embrassait-il pas deux opérations
dépendantes l'une de l'autre, le tunnage et les digues insubmersibles ?... En supprimant l'une d'elles tout dispa-
raissait, car le projet avait été conçu tel et soumis comme
tel au public. C'est donc une détestable raison que l'urgence
en la supposant justifiée ; avant le décret on n'eût pu l'invoquer ; le décret paru, mais l'organisation n'étant pas
parachevée par l'accomplissement des formalités légales,
on n'était pas mieux venu à l'invoquer. Disons toute notre
pensée : s'il y avait un danger réel à la Pomme, la digue
insubmersible de Castelferrus, que l'on avait eu la faiblesse
de laisser exécuter, ne l'avait-il pas créé ?....

Si le décret est rapporté que fera-t-on ?... Nous traite-
rons cette question plus bas ; que les membres du Conseil
général ne s'en préoccupent point, non pas parce que les
auteurs de cette conception gigantesque se bercent de l'i-
dée que le décret ne saurait être rapporté, comme s'ils
pouvaient se permettre de parler avec autorité, eux qui
n'ont pas soupçonné l'existence de la loi du 16 septembre
1807, eux qui marchant d'erreurs en erreurs, n'ont pas
encore eu le courage de prendre l'initiative et de dire : on
s'est trompé ; l'œuvre est à recommencer ; eux qui souffrent
que les membres de l'association syndicale aillent peut-

être débattre au contentieux et à leurs frais les conséquences des énormités commises Nous le disons et n'hésitons pas à l'écrire : il serait temps que la vanité humaine et le souci des individualités s'abaissassent devant la justice ; réparer les torts que l'on a faits est une maxime chrétienne ; ce sera aussi une maxime administrative.

La dissolution des Syndicats est le seul mode réparateur ; l'exécution des travaux ne saurait y mettre obstacle ; cette exécution a eu lieu sans droit aucun et d'une manière inconsidérée ; la dissolution est équitable ; le décret doit être rapporté ; si l'on persistait trop longtemps à ne pas la prononcer, il serait à craindre que dans l'esprit des populations ne se développe cette pensée que là où elles devaient compter sur une protection elles ont été *délaissées*.

§ 1. — *Période postérieure au Décret du 24 octobre 1855.*

— D'autres moyens d'illégalités et d'erreurs sollicitent le retrait du décret du 24 octobre 1855. Ils s'appliquent à la période écoulée du 24 octobre 1855 au mois d'août 1857, époque du dépôt des rôles de répartition aux mairies de Castelferrus et Castelsarrasin.

Laissons parler M. Chauveau.

« 1° La loi du 16 septembre 1807 dit, article 7, que les syndics nommés par le préfet sont pris parmi les propriétaires les plus imposés. On conçoit le motif du législateur. L'intérêt des syndics offre la garantie d'une bonne gestion. Les syndics sont des mandataires forcés qui ne peuvent être pris que parmi les mandants, parce qu'ils seront au moins réputés avoir le même intérêt que leurs mandants; et en prescrivant de choisir les plus imposés, la loi augmente encore la sécurité de ceux au nom de qui les syndics doivent agir.

« Parmi les syndics nommés pour l'association de Belleperche, on trouve le nom d'un habitant, fort honorable du reste, de Castelsarrasin, M. ROYÈRE, avoué, mais qui n'a pas de propriétés sur les rives de la Garonne; il n'est même pas imposé.

« On opposera, dit-on, que M. Royère est l'avoué ou le mandataire de M. Goffart, cessionnaire du pont de Très-Casses, pont situé dans le périmètre de l'association; mais d'abord, M. Royère n'a point été nommé comme mandataire d'un intéressé, il a agi en son nom personnel comme syndic; ensuite, lorsque la loi se sert de ses expressions : *plus fort imposé* ou *plus imposé*, elle n'admet pas la représentation du contribuable par un mandataire même contribuable. Je crois l'avoir prouvé dans mon journal du *Droit administratif*, t. 4, p. 65, art. 160.

Le choix de M. Royère s'explique d'autant moins que M. Goffart ne figure pas sur les rôles des imposés. — Et puis l'art. 4 du décret proscrit le droit de se faire représenter par des mandataires, «... Les membres du Syn- » dicat ne pourront se faire représenter aux assemblées par » des mandataires de leurs choix. A l'effet de les rempla- » cer en cas d'absence, trois suppléants seront nommés » comme syndics titulaires. »

« 2° Les syndics nommés ont-ils au moins procédé régulièrement? Non, sous plusieurs rapports.

« I L'art. 8 de la loi du 16 septembre 1807 leur imposait l'obligation de constituer une expertise.

» Ils ont nommé *un expert*, qui a fait certaines opérations qui n'ont jamais été communiquées.

» La loi exige trois experts, et on conçoit combien à raison de l'importance de leur travail, qui doit être sous plusieurs rapports le pivot de l'opération, il est utile qu'il y ait un faisceau de lumières; combien il sera précieux que les opérations de cette nature aient été l'objet d'un débat antérieur, et combien il serait déplorable que l'impéritie ou la négligence d'un seul homme pussent occasionner des erreurs souvent irréparables.

» Mais, objectera-t-on peut-être, l'art. 8 suppose un concessionnaire qui doit nommer un expert, et dans les associations des travaux défensifs, il n'y a pas de concessionnaire; comment sera donc nommé le second expert ? L'objection fut-elle fondée, les syndics n'en seraient pas moins obligés de faire procéder par un expert de leur choix et par un second expert nommé par M. le préfet; mais je ne verrai aucun inconvénient à ce que le deuxième expert fut choisi par les syndics et par M. le préfet, qui veillerait à ce que ce deuxième expert ne fut pas la doublure du premier. La nomination directe par M. le préfet d'un expert est, dans tous les cas, formellement exigée; le Syndicat a donc violé la loi en ne faisant procéder qu'un seul expert. Lorsque la concession de dessèchement des marais est faite aux propriétaires eux-mêmes, il y a toujours nomination de deux experts au moins.

» II. L'expert unique choisi par les syndics n'a pas prêté serment; c'est encore une cause de nullité. La jurisprudence du Conseil d'État est inébranlable; elle a été spécialement rendue à l'égard de l'application de la loi du 16 septembre 1807. (Décision des 20 avril 1854 (Sœurs de la Providence) et 15 mars 1856. (DE L'ÉPINE).

« III. L'expert, le seul expert nommé, n'a point procédé avec l'assistance de l'ingénieur. Il paraît même certain *(c)* qu'il n'a pas *procédé* lui-même, qu'il s'en est déféré à des opérations précédentes, sans valeur, et ne concernant qu'un Syndicat provisoire ; de ce que l'expert n'a pas été assisté des ingénieurs, il résulte encore une nullité prononcée, précisément à l'occasion de travaux défensifs, par le Conseil d'État, le 27 novembre 1856 (ARCHAMBAUD). — Ce décret justifie les diverses observations qu'on va lire sur l'applicabilité aux travaux défensifs des premiers articles de la loi de 1807, ce qui, du reste, avait également été reconnu par un autre décret du 7 juillet 1853 (DELAMURE).

» 3° Avant de commencer aucuns travaux, dit l'art. 15 de la loi, l'estimation des terrains protégés doit avoir été faite conformément aux articles précédents, 9 à 14.

» Les terrains doivent être divisés en plusieurs classes (art. 9). Pour faire cette opération, on a nécessairement relevé le nom de chacun des propriétaires intéressés. Le périmètre des diverses classes est tracé sur le plan cadastral, qui doit avoir été dressé avant le décret d'association (a' 10) Ce plan et le procès-verbal des experts doivent rester déposés (art 11) ET LES PARTIES INTÉRESSÉES SONT INVITÉES, PAR AFFICHE, A PRENDRE CONNAISSANCE DU PLAN, à fournir leurs observations sur son exactitude, sur l'étendue donnée aux limites des travaux, et enfin sur le CLASSEMENT DES TERRES (même article). M. le préfet peut ordonner des

---

(*c*) Voyez *suprà*, la preuve incontestable de ce fait.

vérifications et la commission statue (art. 12) Lorsque les
plans ont été définitivement arrêtés, les experts procèdent
à l'appréciation de chacune des classes de terrains à protéger, eu égard à leur valeur réelle au moment qui précè-
dera les travaux (art. 13). Le procès-verbal d'estimation
par classe est encore déposé; LES INTÉRESSÉS EN SONT PRÉ-
VENUS PAR AFFICHES, et s'il survient des réclamations, elles
sont appréciées par la commission qui, dans tous les cas,
est appelée à juger et à homologuer le travail sans être
obligée de suivre l'avis des experts (art. 14).

» On conçoit l'utilité et l'importance de toutes ces pré-
cautions, de ces minutieuses formalités, lorsqu'il s'agit de
travaux défensifs, comme quand il doit être procédé un
dessèchement de marais.

» Le décret du 24 octobre 1855 qui, du reste, ne pouvait, en aucune sorte, modifier les dispositions formelles
de la loi, s'est contenté de dire (art. 12) que le Syndicat
était spécialement chargé de faire dresser un plan parcellaire, appuyé d'un rapport indiquant, avec des teintes
diverses, les périmètres et la classification des terrains à
comprendre dans l'association.

» Pour savoir si les Syndics de Belleperche ont observé
la loi, il faut rechercher ce qu'ils ont fait. La marche à
suivre était si simple que ce rapprochement devra être
facile. »

Cette marche n'a nullement été *suivie;* presque toutes
les prescriptions légales dont il vient d'être parlé ont é.é
violées.

On s'explique même difficilement comment on a pu se
décider à avertir les intéressés, ceux dont les propriétés

doivent être individuellement désignées par une affiche
conçue en ces termes :

Syndicat de Bélleperche et Très-Casses.

« Le public est prévenu que le plan parcellaire et le
» rapport fixant les bases de la répartition de l'imposition
» entre les propriétaires intéressés aux travaux de défense
» du Syndicat de Belleperche et Très-Casses seront dépo-
» sés, pendant un mois, à partir du 20 juillet prochain, à
» la mairie de Castelsarrasin et à celle de Castelferrus,
» où tous les intéressés pourront en prendre connais-
» sance sans déplacement et insérer leurs observations
» sur le registre d'enquête. »

« Singulière affiche ! *le public est prévenu*. En quoi les
travaux de l'association Belleperche concernaient-ils *le
public? Un registre d'enquête est ouvert;* mais rien dans la
loi ne prescrit une enquête. Les propriétaires intéressés
seuls ont le droit de faire des observations et de présenter
leurs réclamations. Aussi les art. 11 et 14 de la loi de 1807
prescrivent-ils d'INVITER, non pas le public, mais les *parties intéressées*, à prendre connaissance des pièces déposées. Et comment les parties intéressées peuvent-elles être
INVITEES? En les désignant par leurs noms et leurs de-
meures? Est-ce possible? Certainement, puisque les pièces
elles-mêmes, dont on affiche le dépôt, ont été préparées
pour indiquer le nom des propriétaires compris dans le
périmètre des travaux à exécuter et la quantité de ter-

rains de chacun d'eux (d).

» Laffiche au public était donc une dérision.

» Cependant le bruit en parvint aux oreilles des propriétaires, et immédiatement ils rédigèrent des oppositions.

» Dans ces oppositions existent des réserves formelles d'attaquer tout ce qui a été fait au mépris des dispositions de la loi. »

Ajoutons une observation relative à l'affiche. Elle portait qu'*un rapport* était déposé..... Un rapport, grand Dieu!... Il y avait une note communiquée indiquant le classement des zônes. Les opposants se *plaignirent* de son laconisme. Le sieur Besse, particulièrement, écrivait en août 1856 sur le registre des oppositions que nous supplions MM. les Membres du Conseil général de se faire représenter : « Le Sr Besse ne pouvant connaître d'une
» manière précise le plan qui ne contient pas d'indications
» suffisantes à ce sujet (art. 6, 10 et 11 de la loi de 1807),
» la nature des travaux projetés, leur force, leur éléva-
» tion, ne peut ainsi savoir si les ouvrages à.................
» Il semblerait toutefois résulter *de la note communiquée*

(*d*) C'était le cas d'appliquer, par analogie, l'art. 6 de la loi du 3 mai 1841 qui prescrit la publication des noms des propriétaires menacés d'expropriation (voy. ce qu'enseigne M. Proudhon, n°s 1594 et 1610). On peut dire, avec raison, que lorsqu'il ne s'agit plus de l'œuvre elle-même, mais de la contribution onéreuse *de chacun* et du classement des propriétés, un avertissement *au public* est insuffisant ; que les intéressés *touchés* individuellement, doivent être désignés individuellement, sauf à être réunis dans une publication collective, et que tout autre mode de procéder est illégal. Peu importe que certaines oppositions aient été formées après l'apposition des affiches incomplètes. La formalité est ici substantielle ; la nullité peut être invoquée par tous et chacun, dans un intérêt commun et indivisible.

» qu'il ne s'agit que travaux de défense des rives des par-
» celles ayant intérêt aux travaux.....

» Le sieur Besse ne pouvant ainsi se rendre un compte
» exact de la situation, se trouve dans l'impossibilité d'u-
» ser de la faculté que la loi lui reconnait de fournir des
» observations sur l'opportunité ou la nécessité des tra-
» vaux, sur l'exactitude du plan, sur l'étendue des ter-
» rains soumis à la contribution commune, sur la division
» du terrain en quatre classes ou zônes, sur le montant du
» devis et sur la répartition des charges et dépenses.

» Il fait en conséquence toutes protestations basées sur
» cette impossibilité et sur l'inobservation des formalités
» exigées par la loi du 16 septembre 1807, art. 33, 34,
» combinés avec les art. 6, 10, 11, et par toutes autres
» lois spéciales, notamment l'avis du Conseil d'État du 23
» juin 1806. »

Est-ce clair!... que l'on communique au surplus *ce
rapport.* qui est indispensable, pour connaître quels principes ont servi de régulateur au classement des zônes.

— Un grief bien plus grave est celui qui consiste à s'être
occupé du tunnage ou enrochement lorsque les digues
insubmersibles étaient abandonnées.

Il était élémentaire que les digues insubmersibles ayant
été jugées inexécutables, l'association syndicale ne pouvait plus être maintenue.

En n'exécutant que l'enrochement on restreignait le
contrat; restreindre un contrat *c'est le violer.* Cette idée
loin d'être paradoxale est rigoureusement exacte. Le projet avait un double but; il fallait atteindre ce double but;

si on ne le pouvait point, il fallait se dissoudre.

Ne voit-on pas que l'enquête avait eu lieu à l'occasion du projet de l'endiguement avec des digues insubmersibles ?... Parmi les syndics nommés après la promulgation du décret du 24 octobre 1855, l'administration n'avait-elle pas fait choix de plusieurs propriétaires intéressés aux digues insubmersibles ?... L'administration n'avait pas pu procéder autrement sans manquer à l'équité. Deux idées allaient être réalisées, l'enrochement et les digues insubmersibles ; l'antagonisme de ces deux idées est si frappant que des esprits judicieux pensent qu'il eût fallu deux syndicats séparés. Eh bien, ces deux idées devaient être représentées dans la commission syndicale nommée par l'administration. — Or, plus tard, par l'abandon du projet des digues, les syndics représentant cette idée et ayant à défendre les droits de ceux qui y étaient intéressés *n'étaient plus à leur place ;* l'œuvre exclusive de l'enrochement leur devient indifférente. Et cependant la commission syndicale est maintenue telle quelle malgré l'abandon des digues insubmersibles. C'est inouï !...

La vérité est qu'une partie des travaux liée intimement à l'autre dans l'esprit des rédacteurs du projet n'ayant pu être exécutée, il n'y avait plus de syndicat, il n'y avait plus de mandataires, il n'y avait plus les mêmes parties intéressées.

Quelle transformation étrange !.. Les syndicats sont nés du danger des inondations ; c'est contre lui surtout qu'on a cherché à se prémunir ; et on mettra absolument de côté, mais avec raison, les travaux destinés à parer ce danger, pour s'occuper presque exclusivement de la corrosion !!..

Est ce là ce qu'on voulait ?.. Est-ce là surtout exécuter

la pensée de Sa Majesté manifestée dans sa mémorable lettre de juin 1856 ?..

—Les soussignés n'ont pas été mieux traités lorsqu'il leur a fallu défendre leurs droits en justice, c'est-à dire devant la commission spécia'e, tribunal administratif au premier dégré.

Ils n'ont jamais connu les principes régulateurs du clasment des zônes. Lors de l'affiche des plans on déposa une note indiquant les zônes elles-mêmes ; c'est sans doute cette note que l'on qualifie pompeusement du nom de rapport. On n'a jamais pu savoir quels terrains étaient considérés en état d'alluvion, et quels autres étaient considérés en état de corrosion. On n'a jamais pu savoir pourquoi des propriétés situées à plus de 2 kilomètres sont comprises dans le périmètre des travaux. Est-ce par la crainte de la corrosion? . Est ce par l'appréhension d'un changement de lit?.. Ne sait-on pas que d'anciens lits existent et que la tendance du fleuve était de les reprendre ?.... L'inconnu plane sur ce travail de classement que l'on redoute de mettre au jour *si toutefois il a jamais été fait.*

Les oppositions et les réclamations faites, M. le Préfet n'en a jamais *été saisi* malgré les prescriptions impérieuses de l'art. 12 de la loi du 16 septembre 1807.

A ces oppositions il fut répondu par la Commission syndicale, le 13 septembre 1856. Ce travail aurait dû être communiqué aux intéressés pour que le débat fût contradictoire ; il ne fût pas communiqué.

Et cependant la Commission spéciale, c'est-à-dire le tribunal administratif donne son adhésion à cette réponse du Syndicat et *décide* en ces termes, le 16 décembre 1856 :

« M. le président donne connaissance de la délibération
» prise le 13 septembre par la Commission syndicale de
» Belleperche à Castelferrus, s'expliquant sur les réclama-
» tions portées en l'enquête. Il rend compte ensuite de
» l'examen des lieux fait le 8 octobre dernier par les mem-
» bres délégués.

« Sur cet exposé, la Commission décide, après un exa-
» men approfondi, que les propositions du Syndicat,
» quant au périmètre des terrains à imposer, seront, *sans
» tenir compte des réclamations*, adoptées conformément au
» plan, et que ces terrains seront divisés en 4 zônes....

« Il est entendu que les terrains en gravier, complète-
» ment stériles, seront dispensés de toute contribution...»

Tel est le *jugement rendu.*

Nous sommes pleins de déférence pour tous les magis-
trats, pour toutes les juridictions ; mais il nous sera permis
de dire avec une respectueuse liberté que cette décision
est un peu trop laconique.

Les réclamants signalaient des violations de la loi du 16
septembre 1807. La Commission syndicale y a-t-elle répondu ?.. Non.

Les réclamants se plaignaient de ne pouvoir se recon-
naître avec les plans seuls et l'unique note à l'appui (voir
l'opposition de Besse). La Commission spéciale n'a pas répondu.

M. Pébernad, un des propriétaires, prétendait n'être
pas en corrosion. La Commission *syndicale,* dans sa séance
du 13 septembre 1856, répondait :

« Le Syndicat s'empresse d'indiquer les parcelles 378.

» 377 , 381, 380, 299 (de M. Pébernat) comme se trouvant
» à moins de cent mètres du fleuve, et exposées par leur
» position à une corrosion imminente, corrosion qui au-
» rait eu son effet si les travaux de la ligne supérieure ne
» les eussent protégées. »

La commission spéciale, le tribunal administratif s'est rendu sur les lieux. Eb bien !... Les assertions de la Commission *syndicale* sont complètement *inexactes* à cet égard. Nous affirmons qu'à l'œil nu (on nous pardonnera cette expression trivale). *Sur les lieux* ou *sur le plan* tout le monde peut s'appercevoir que toutes ces parcelles, de M. Pébernat, sont à plusieurs centaines de mètres du fleuve. M. Péber-nat s'en rapporterait au besoin au compas de M. Valet, le géomètre expert de la Commission syndicale. Une épreuve *matérielle* édifiera tous ceux qui voudront la faire. C'est pour ce motif que malgré les assertions si étranges de la Commission syndicale, contenues dans la délibération du 13 septembre, *une seule* d'entre les parcelles indiquées par la Commission syndicale, celle portée sous le n° 377, a été classée à la 1re zône, toutes les autres appartiennent aux 2me et 3me zône, et encore il n'y a que 61 centiares de placés dans cette 1re zône. Il faut dire que les 1res zônes embrassent les terrains se trouvant à moins de 200 mètres du fleuve.

Combien donc étaient grandes les erreurs de MM. les Syndics sur ces faits matériels.

Combien la religion des membres de la Commission spéciale a été égarée !... A un autre jour ce tribunal mieux éclairé sauvegardera les intérêts des membres de l'association syndicale.

Nous en avons la certitude : « ...Cette magistrature spé-
» ciale n'ayant *qu'une seule affaire à suivre*, y mettra d'au-
» tant plus de soin qu'elle aura à justifier en même temps
» la confiance du Souverain et l'estime publique. » (Paroles
de l'orateur du gouvernement, en présentant la loi du 16
septembre 1807, au corps législatif).

Achevons d'édifier les membres du Conseil général sur
le rôle de la Commission syndicale et de son Directeur.

Nous ne citerons qu'un fait. Le conseil des soussignés
et l'un de ceux-ci s'étant transportés à Castelferrus pour
prendre communication des pièces et particulièrement des
délibérations du syndicat, M. le Directeur se borna à pla-
cer sous leurs yeux un plan des travaux à effectuer et les
registres des délibérations du Syndicat ; mais il leur fût
défendu de prendre des notes même au crayon par cette
étrange raison que pour prendre communication il suffi-
sait *de lire* ... On dût attendre que M. le Directeur se ren-
seignât sur l'interprétation de l'art. 11 du décret : et comme des mois s'étaient écoulés sans que M. le Directeur eût
fait connaitre qu'une interprétation plus favorable aux
droits des intéressés eût apparu, on dût revendiquer, *par
huissier*, la faculté de copier les délibérations (Voici le
texte entier de la sommation extra-judiciaire, notifiée le
27 mai 1857, à M. Daubèze Sambat) M. le Directeur alla
au conseil ; il en revint porteur de l'interprétation favorable que l'on attendait depuis si longtemps.

*L'an mil huit cent cinquante-sept et le vingt-sept mai,
nous Pierre Verdier, huissier-audiencier, reçu au tribunal civil séant à Castelsarrasin, y résidant, soussigné.*

*A la requête de MM. Jules de Guiringaud, Paulin
DE Mezamat de Lisle, Augustin Pébernat, tous proprié-*

taires, demeurants à Castelsarrasin et agissant en leur qualité de membres de l'Association syndicale dite de Belleperche à Très-Casses, lesquels aux fins du présent élisent domicile chez M. Augustin Pébernat, notaire à Castelsarrasin, l'un d'eux,

Avons exposé à M. Eugène Daubeze-Sambat, directeur de ladite Association syndicale, domicilié en la commune de Castelferrus, que les requérants entendent user des droits que leur donne leur qualité d'associés, de prendre communication de toutes les délibérations du Syndicat dont ils font partie et ce en en prenant copie; qu'à cet effet leur droit dérive de leur qualité d'associés.

Et attendu que s'appuyant sur une interprétation déraisonnable de l'art. 11 du décret régulateur du Syndicat qui porte : « Tous les membres des associations auront droit de prendre communication sans déplacement des délibérations du Syndicat. » Ledit M. Daubèze s'est permis de ne pas vouloir laisser à M. Jules de Guiringaud, l'un d'eux, même la faculté de prendre des notes sur les délibérations du Syndicat, ni des dates, et qu'une telle prétention inqualifiable est incompatible avec la qualité d'associé qui appartient à M. Jules de Guiringaud et se trouve d'ailleurs condamné par le texte même invoqué par M. Daubèze, lequel ne défend qu'une chose ; la faculté pour les associés d'emporter ou déplacer les registres des délibérations pour en prendre communication, ce qui leur laisserait, à coup sûr, toute liberté de faire des copies et qui les autorise donc à en prendre communication, c'est-à-dire à en prendre des copies sans déplacement, et cela en vue d'une bonne administration et de la défense sacrée de tous.

Attendu que les susnommés n'entendent relever du bon plaisir de personne et que la défense de leurs droits et

*intérêts, dont ils sont seuls les appréciateurs souverains,
exige qu'ils prennent communication du registre des délibérations du Syndicat, afin d'avoir copie entière de toutes
ces délibérations.*

*C'est pourquoi sommation est par le présent faite à
M. Daubèze-Sambat d'avoir, dans le délai de trois jours,
à partir de la signification du présent, à déclarer s'il
consent à laisser prendre aux experts communication du
registre des délibérations du Syndicat et pour avoir des
copies entières de toutes ces délibérations et en quel lieu
M. Daubèze Sambat entend que cette communication sans
déplacement se fasse.........*

« Castelferrus, le 1ᵉʳ juin 1857.

» *Monsieur,*

» *M. de Guiringaud de Lisle et vous m'avez adressé*
» *une sommation en ma qualité de directeur de Belle-*
» *perche à Très-Casses, à l'effet de prendre copie des dé-*
» *libérations prises par le Syndicat. Cette demande pré-*
» *sentée à l'autorité supérieure a eu son approbation. Je*
» *viens en conséquence vous prévenir que vous pouvez*
» *vous rendre chez moi, en me prévenant à l'avance,*
» *pour prendre copie de tout ou d'une partie, selon vos*
» *désirs.*

» *J'ai l'honneur d'être, avec considération, votre*
» *serviteur,* Daubèze-Sambat. »

Demander l'adprobation de l'autorité supérieure !...

Mais s'il n'y avait pas eu approbation, on n'eût pas
communiqué les délibérations ?.. La qualité d'associé n'as-
sure-t-elle donc pas ce droit ?.. L'art. 11 du décret n'est-il
pas formel ?... *Ab uno disce omnes* ...

On voit combien sont agréables les relations des membres de l'association syndicale avec M. le Directeur. On voit ce qu'il faut penser de ce que l'on appelle les droits sacrés de la défense, et comme il est aisé de l'exercer ; on ne peut obtenir les pièces et documents qu'avec l'intervention de l'huissier, et comme par lambeaux.

Les soussignés n'ont trouvé un accueil sympathique que dans les bureaux de M. l'Ingénieur, dans ceux de la Sous-Préfecture de Castelsarrasin et de la Préfecture.

M le préfet est averti, que dans sa sagesse il avise.

Toutes ces communications diverses, et particulièrement de la réponse aux opposants du 13 septembre 1856, ainsi que des décisions de la Commission spéciale, *qui devait les faire ?...* M. le Directeur du Syndicat.

Pense-t-on que si les opposants eussent eu la faculté, *selon leur droit*, de lier un débat contradictoire avec le Directeur du Syndicat, la Commission spéciale se fût bornée à dire « sans tenir compte de leurs réclamations. » Telle n'est pas notre croyance.

Nous eussions demandé qu'on nous explique comment on peut comprendre dans le périmètre des travaux des propriétés situées à plusieurs kilomètres ; nous eussions cherché à établir la différence profonde qui doit exister entre les terrains en état d'alluvion et ceux en état de corrosions ?...

Nous aurions prouvé que la nature des terrains et leur valeur sont à considérer, que l'on ne procède pas autrement en matière de dessèchement de marais dont la loi est applicable en son entier à la construction des digues.

Nous aurions démontré que les contributions enlèvent du tiers au quart de la propriété, et que cette charge, pesant dans l'avenir, est si lourde que la raison humaine ne peut en concevoir l'étendue. On comprend une servitude, car la servitude est *limitée*; mais l'obligation d'entretenir des digues à perpétuité? Nous nous adressons à des propriétaires et nous avons une foi complète dans leur jugement ;

Nous eussions encore prouvé que ces propriétaires, dont un grand nombre appartient à des misérables habitants le quartier du *Gravil*, n'avaient rien à craindre de la corrosion, et avaient si peu à redouter un changement de lit que si la Garonne se déplace elle a la tendance toute marquée à se jeter dans l'ancien lit; ces faits sont notoires à Castelsarrasin;

Nous eussions fait remarquer que la plus part des propriétaires de l'ancien lit garantis par les travaux, ne sont pas compris dans le périmètre des travaux d'aucuns des syndicats;

Nos observations eussent été sûrement fécondes en aperçus ;

Nous aurions pu nous tromper; mais ce reproche d'erreur, inhérent à la nature humaine, n'est pas un motif pour nous priver de l'exercice d'un droit légitime, le droit de s'éclairer, de contrôler, et de défendre avec maturité ses intérêts.

Ce droit nous le réclamons avec une énergie toujours croissante; et si la Commission spéciale a pu dire qu'elle s'est livrée à un examen approfondi, nous pouvons affirmer qu'elle a été privée de nos observations, et qu'on ne nous a pas mis à même de lui présenter notre défense.

Aussi, qu'on n'attende pas de nous une résignation incompatible avec nos intérêts et notre dignité; on ne l'obtiendra pas.

Nous frapperons à toutes les portes; nous nantirons toutes les juridictions; nous nous adresserons à tous les pouvoirs; et si nous venions à succomber dans nos luttes, une ressource nous reste, qui ne saurait nous être enlevée, celle de délaisser nos propriétés et de contraindre l'administration du Syndicat à nous les payer à dire d'experts, en exécution de la loi du 16 septembre 1807.

Mais nous en adressons la question au Conseil général : En conscience serait-il juste et de bonne administration de nous river à cette extrémité calamiteuse ?...

— Ces faits étaient si graves que les soussignés adressèrent un mémoire à M. le Préfet.

Les membres de l'association syndicale de St-Nicolas en firent autant. Au bas du mémoire relatif à cette association on ne compte pas moins de deux cent soixante signatures.

Dans ces mémoires dont les membres du Conseil général pourront prendre connaissance, tous demandent unanimement la dissolution des Syndicats.

M. le Préfet fut ému, il manifesta l'intention de se rendre sur les lieux ; on sait que l'art. 12 de la loi du 16 septembre 1807 oblige à le saisir des réclamations des informés, *ce qui n'a jamais été fait.*

Depuis cette époque les rôles ont été affichés dans le syndicat de Très-Casses à Belleperche ; 140 protestations à Castelsarrasin ont été couchées sur le registre des observations, malgré le délai restreint de huit jours, délai qui nous paraît bien peu s'allier avec les prescriptions de l'art. 15 de la loi du 16 septembre 1807, ordonnant un dépôt de quarante jours à la préfecture.

Cette dissolution, les soussignés en renouvellent la demande ; le retrait du décret du 24 octobre 1855 est légal et équitable ; comment ne serait-il *pas possible?*

§ 4. — *Retrait des décrets organisateurs des Syndicats.— La dissolution équitable et possible.*

« I. Retenir associés malgré eux un grand nombre de propriétaires dont l'immense majorité, éclairée sur ses véritables intérêts, demande à se séparer d'une minorité infiniment petite, ce serait chose bien extraordinaire.

» II. Le décret du 24 octobre 1855 n'a pas voulu faire du bien aux riverains malgré eux ; il a donc présumé librement donné le consentement de ces riverains. Ce décret a visé des avant-projets qui n'ont jamais été faits d'une manière fixe, certaine, invariable.

» Une commission provisoire avait été créée avant le décret ; des enquêtes avaient été provoquées ; les parties vraiment intéressées n'ont point été prévenues. On n'a exécuté aucuns des travaux préliminaires nécessaires avant d'associer entre elles des parties dont les positions sont très différentes. On n'était même pas fixé sur les travaux à exécuter. On ne pouvait donc pas les soumettre aux intéressés pour avoir leur avis. Avant le décret, les travaux avaient été estimés à près de 300,000 fr. — Après le décret, on les augmenta d'un quart (et encore si on s'était arrêté à cette somme !!) On les éleva à 400,000 fr. Comment les enquêtes de 1854 ont-elles pu porter sur l'appréciation de travaux adoptés en 1856 !!

» Dès que le décret a été rendu, les parties intéressées

n'ont cessé de réclamer, de protester, de soutenir que le Syndicat contrariait tous leurs intérêts. Ils peuvent donc dire hardiment qu'ils n'ont jamais consenti. — Ainsi enlacés dans une opération ruineuse, ils peuvent donc en demander la dissolution, en faisant valoir un défaut de consentement primitif

» On conçoit que l'autorité administrative ne se prête pas légèrement au caprice de quelques propriétaires luttant, dans un esprit d'étroite opposition, contre l'exécution de grands et importants travaux dont l'intérêt est compris de tout homme de bonne foi ; mais ici, l'autorité administrative, en accueillant la demande de dissolution du Syndicat, ne fera qu'un acte de justice et fera triompher les vœux d'une saine et forte majorité contre quelques entêtements produits par un amour-propre aveugle et par un intérêt individuel.

» Enfin, une raison qui me semble péremptoire, c'est que les riverains préféreraient céder immédiatement leurs propriétés dans l'état où elles sont, que de s'exposer aux suites, aux résultats du syndicat restant chargé de veiller aux intérêts communs.

» Pour adopter un parti aussi violent, il faut qu'un propriétaire soit bien convaincu des dangers qui le menacent....

On sait que les digues insubmersibles furent abandonnées.

« Que devient alors le syndicat organisé par le décret du 24 octobre 1855 ? Le but, l'objet n'est plus le même, les intéressés ont disparu ; les intérêts ont pu devenir contraires. Tel, qui aurait fait des sacrifices considérables pour une digue, s'opposera à un travail défensif qui peut lui être très-nuisible. Un des objets principaux de l'association disparaissant, n'est il pas certain que le mandat des syndics disparait aussi, que le consentement doit être de nouveau sollicité, les observations appelées à se produire ? Comment pourrait-on faire supporter aux riverains de la Garonne des travaux qui auraient été commencés dans le but unique de protéger ceux qui n'étaient pas riverains ? Ou, comment faire supporter par des propriétaires éloignés, qu'aucun travail complet ne pourra plus protéger, le prix des travaux qui ne doivent servir qu'à protéger des rives menacées ?

» C'est vraiment impossible, et ce serait chose prodigieuse que l'amalgame forcé d'intérêts opposés pour la coopération de travaux qui, faisant partie d'un plan général, rendaient possible une association devenue un nonsens à raison de l'isolement de ces mêmes travaux.

» La dissolution du Syndicat, organisé par le décret du 24 octobre 1855, n'est pas seulement chose légale, conséquence forcée des obligations consenties, des engagements contractés, mais une chose de sens commun. Entre les anciens intéressés de ce Syndicat, Il n'existe plus de communion d'intérêts; il existe nne opposition qui ne leur permet pas de continuer cette association que le ridicule a tuée et qui, en droit, n'existe plus.... si jamais elle a existé légalement. »

C'est ainsi que s'exprime M. Chauveau.

On produit l'objection suivante : Que vont devenir les intérêts engagés?

Nous pouvons d'abord dire avec la consultation :

« La dissolution légalement prononcée, il sera fait une liquidation comme pour toute société. On aura à demander compte aux mandataires forcés des affaires, aux syndics, de leur gestion temporaire. On fera alors des calculs de proportion dont les bases ne peuvent pas encore être indiquées, mais qui devront nécessairement varier, à raison même de la nature des travaux exécutés.

» Cette liquidation ne sera pas facile; mais à qui la faute? si ce n'est à ceux qui ont dépensé de l'argent, beaucoup d'argent, avant même de savoir s'ils pourraient recueillir un centime, et qui ne devront être remboursés de leurs avances qu'autant qu'il sera prouvé que la dépense a produit un avantage aux propriétés dont on demandera le concours pécuniaire! »

— Mais ensuite des considérations judicieuses réfutent complètement l'objection.

Rien n'empêche l'État de consulter le pays sur l'opportunité d'un Syndicat *nouveau* en observant d'une manière scrupuleuse les formalités exigées par la législation spéciale du 16 septembre 1807; les intérêts des riverains pourront être débattus avec maturité; ils ne seront plus impunément froissés.

Sans doute, il est à craindre que devant une réprobation unanime, qui serait produite par l'enquête, aucun projet du Syndicat ne fût possible. Quelle conséquence tirerait-on de ce fait si ce n'est celle ci? Que l'œuvre refusée formellement par l'État n'a pas les sympathies des intéressés, et qu'il y aurait *iniquité* à les grever d'une charge qui doit être *perpétuelle*.

Mais s'il est vrai que les travaux faits soient indispensables, que l'on soit assuré de les conserver, que les propriétaires les réclament, qu'ils soient également bien exécutés, le nouveau Syndicat ne pourra-t-il pas les prendre en compte ?.... Il serait étrange que ce procédé consistant à prendre en compte des travaux faits ne put être plus tard *accepté* lorsqu'aujourd'hui il a été *pratiqué dans les deux Syndicats de* Belleperche et de Saint-Nicolas?

Nous pouvons ajouter ; — Si l'on tient à endiguer la Garonne, à *tout prix*, eh bien, que l'État s'en charge. N'est-ce pas l'État qui a, *seul*, endigué la Garonne d'Agen à Bordeaux ?.... Pourquoi mettrait-on à la charge des riverains l'endiguement de Toulouse à Agen et cela dans le présent, et à *perpétuité dans l'avenir?*

Mesieurs les Membres du Conseil général n'ont donc pas à se préoccuper de l'avenir et à être soucieux.

Aujourd'hui tout est pire.

Pourquoi donc ne pas demander à Sa Majesté le retrait d'un décret surpris à sa religion ?...

Que de circonstances concourent à condamner l'œuvre entreprise et à réclamer la dissolution du Syndicat ?..

La conception présomptueuse du projet ;

Les excès de pouvoir multipliés ;

L'omnipotence des syndics se laissant aller aux soins d'intérêts particuliers ;

Des illégalités nombreuses et sans cesse renouvelées ;

Des propriétaires envahis par les inondations pendant

plusieurs années et obligés néanmoins de faire face à des charges écrasantes et devant s'accroître dans une proportion énorme ;

Une insuffisance notoire de fonds ;

Des protestations vives et continues contre les Syndicats ;

La résolution héroïque des propriétaires de délaisser plutôt leurs propriétés à dire d'experts ;

Tels sont les témoignages éclatants de la réprobation de l'œuvre.

Au Conseil général il appartient d'apprécier les manifestations énergiques, d'exprimer un vœu, et de formuler même une réclamation ; les intérêts matériels du département, forcément membre de l'association syndicale, l'obligent d'entreprendre cette tâche.

Les soussignés se plaisent à rendre hommage à l'intelligente expérience du Conseil général , à son indépendance et à son dévouement aux intérêts publics ; aussi, espèrent-ils avec confiance que le Conseil général , éclairé par les documents probants sur la question des Syndicals, émettra le vœu qu'ils sollicitent de lui : « « Qu'il plaise » à Sa Majesté, dissoudre les Syndicats de Belleperche à » Très-Casses et de St.-Nicolas, et rapporter les décrets » qui les organisent. »

Et ce sera justice.

Castelsarrasin , le 22 août 1857.

Paulin de MÉZAMAT de LISLE.

Jules de GUIRINGAUD.

FONTANIÉ , Jean-Jacques.

PEBERNAT , Notaire.

REDON, France, et autres, au nombre de

140 contre le Syndicat de Très Casses

Et contre le Syndicat de Saint-Nicolas,

MM. MERLES.

De NARBONNE-LARA.

DUTEMPS, et autres en plus grand nombre que dans le précédent.

Castelsarrasin, imprimerie P. Coudol.

www.ingramcontent.com/pod-product-compliance
Lightning Source LLC
LaVergne TN
LVHW021150200726
843510LV00001B/292